मेरी लखनऊ यात्रा एम्बुलेंस से

विमलेश गंगवार 'दिपि'

सन्मति

Title : Meri Lucknow Yatra Ambulance Se
ISBN: 9789390539192
Author: Vimlesh Gangwar "Dipi"

प्रकाशक
सन्मति पब्लिशर्स
बी-347, संजय विहार,
मेरठ रोड, हापुड़ -245101 (उ0प्र0)
Website : www.sanmatiindia.com
Email: sanmati555@gmail.com
प्रथम संस्करण : अप्रैल 2022
मूल्य : ₹ 125
Processed, Printed & marketed By:
Tingle Books, Hapur

आदरणीया दादी
श्रीमती शान्ति देवी जी
की स्मृति में

निवेदन

काव्य लिखने का शौक पहले से ही था। समय-समय पर कविताएँ भी लिखती रही, परन्तु उपन्यास और कहानियाँ लिखने में व्यस्त रही जिस वज़ह से कविताओं का प्रकाशन छूट गया।

कई मंचो से स्वलिखित कविताओं के पढ़ने का सुअवसर प्राप्त हुआ। लगा कि काफी कविताएँ लिख चुकी हूँ क्यों न इन को पुस्तक का रूप दिया जाये।

जीवन में अनेक उतार चढ़ाव आये, राजनीति बहुत पास से देखी। सुख-दुःख, आशा-निराशा, प्रेम-विछोह, सफलता-असफलता तमाम रंगों से ओत-प्रोत रही ज़िंदगी। आस-पास घटित होने वाली घटनाओं से भी प्रभावित हुई। समाज बेटियों, महिलाओं और प्रकृति से कैसा व्यवहार करते है? यह नहीं सोचते कि बेटी और प्रकृति ही ऐसी दो अद्भुत शक्तियाँ हैं जो अच्छे समाज का निर्माण करती हैं। अगर इनपर ध्यान नहीं दिया गया या इनसे प्यार नहीं किया गया तो संसार काफी जटिलताओं में उलझ जायेगा।

प्रकृति, बेटी और बहू, स्त्री पुरुष मानव जाति के विलक्षण अंग हैं; इनको सहेजना ही पड़ेगा, वरना जीवन में वह रौनक नहीं आ पायेगी जो आनी चाहिये।

मेरी यह कविताएँ वक़्त के साथ धीरे-धीरे लिखी गईं हैं जैसे लता एक दिन में बढ़कर नहीं फैलती, धीरे-धीरे विकसित

होती है। मेरे मन में जो भाव निवसित हो गये और धीरे-धीरे विकसित होकर कविता के रूप में परिणित होते चले गये; इसीलिये "विमल काव्य लतिका" है यह संकलन।

कैसी हैं ये कविताएँ यह बताना मेरे अधिकार क्षेत्र में नहीं है। सम्मानित पाठक ही बता पाएँगे कि इस में क्या अच्छा है और क्या बुरा है।

- विमलेश गंगवार 'दिपि'

अनुक्रमणिका

मेरी लखनऊ यात्रा, एम्बुलेंस से

अस्वस्थ तो थी,
पर फिर भी ठीक थी।
जब मेरी भी रिपोर्ट पॉजिटिव आई,
और पता लगा, कि
जल्द से जल्द अस्पताल में एडमिट होना है।
उस समय अस्पताल भरे पड़े थे मरीजों से,
बहुत मुश्किल था, बेड मिलना, इलाज मिलना।

परिजनों के अथक प्रयासों के बाद,
किसी तरह अस्पताल में बेड तो मिल गया,
बड़े नसीब से, पर घर से साठ किलोमीटर दूर।
कोरोना की व्यथा तो थी ही बहुत,
पर इससे भी अधिक पीड़ा इस बात की थी कि
बेटी और पुत्रवधू कैसे सम्भालेंगी
इतनी दूर संक्रमित तीन मरीजों को।

बड़ी छटपटाहट थी,
घोर निराशा और व्यथा थी।
पुनः प्रयास किये गये कि
कोई पास का अस्पताल मिल जाये
ईश्वर के रहमो कर्म से,

पास के अस्पताल में बेड मिल गया।
अब दूसरे अस्पताल में जाने के लिये
मेरी यात्रा शुरू हुई एम्बुलेंस से,

आँखें खुली थीं पर
शरीर बेजान सा था।
काफी देर चलने के बाद,
एम्बुलेंस इमाम बाड़ा के सामने से गुज़र रही थी।
ऐसा सन्नाटा तो कभी नहीं होता था यहाँ;
सभी इमाम बाड़ा देखने आते थे बड़े शौक से,
बड़ी रौनकदार जगह हुआ करती थी।
यह घरघराती एम्बुलेंस आगे बढ़ती जा रही थी,
तमाम सन्नाटे भरे रास्ते पार करती जा रही थी।

अब गोमती नदी दिखाई देने लगी थी,
बड़ी उदास, रूदन करती हुई सी,
बिल्कुल शोकाकुल प्रवाहित।
यह तो बह नहीं रही थी,
करूण पुकार कर रही थी,
घाट पर अनेक शव रखे थे दफ़न होने के लिये।
नर्स और एम्बुलेंस का ड्राइवर बातें कर रहे थे,
"कोरोना की सेकेन्ड वेव तो कहर ढा रही है।
ऐसा वायरस तो कभी देखा नहीं था सुना नहीं था।
यह तो कहर ढा रहा है, प्रलय हो रही है।"

मैं सोच रही थी,
यह नदी तो मुस्कुराती हुई इठलाती हुई
अपनी चंचल चाल से बहती थी।

और फिर हज़रतगंज आ गया।
कहाँ चली गई यहाँ की सजी संवरी भीड़,
महकती हुई फिज़ाएँ और अदाएँ
यह तो लखनऊ की धड़कन है।
धड़कता था बड़े गुमान से,
जगमगाता था बड़े रूआव से।
कहाँ गईं इसकी वह रौनकें?
क्या यह भी कोरोना वायरस से भयाकुल हो रहा है?

अब एम्बुलेंस गुज़र रही थी
एक अस्पताल के सामने से
जिसमें मेरे पति एडमिट थे।
तभी ज़ोर से, मेरे मन ने कहा, एम्बुलेंस से,
"रूको जरा उनके हाल ले लूँ, पूछ तो लूँ, कैसे हैं वह?"
पर खड़खड़ करती एम्बुलेंस आगे बढ़ गई।
थोड़ी देर में वह
दूसरे अस्पताल के सामने से गुज़र रही थी
जहाँ मेरा बेटा एडमिट था।
बेचैन था कई दिनों से।
मैं चिल्लाई, रूको तनिक,

पल भर के लिये इस को देख तो लूँ कैसा है अब।
नर्स ने मुझे कोरोना गाइड लाइन समझाई।
मुझे भी समझ में आया।
कोरोना काल में कैसे मिल सकती हूँ भला?
किसी से भी नहीं,
चाहें वह जान से प्यारा ही क्यों न हो।

अब निराश हो कर मैंने आँखे बन्द कर लीं
और लेटी रही एम्बुलेंस में चुपचाप।
कुछ देर बाद मैंने देखा कि
वह एम्बुलेंस तीसरे अस्पताल के सामने खड़ी हो गई,
जहाँ मुझे एडमिट होना था कोरोना के उपचार के लिये।
और कुछ देर बाद मैं बेड पर लेटी थी
डाक्टर और नर्सों के सानिध्य में।
इलाज होने लगा था।
पर उस संकट की घड़ी में, मैं सोच रही थी, कि
चलो तीनों अस्पताल पास पास तो हैं।
अब बेटी और पुत्र वधू को
उतनी तकलीफ तो न होगी
जितनी उस दूर के अस्पताल से होती।

फागुन बीत जाने के बाद

गोबर से लिपे आँगन में,
जब साँझ का अँधेरा घिरता है।
मन उसी की ओर खिंचता है।
जो कह गया था मुझसे जाते जाते,
क्यों होती हो उदास, मैं लौटूंगा जरूर
फागुन के रंग लेकर, बयारों के साथ।

उस रात मैं अकेली खड़ी थी आँगन में
रघु काका ने बताया कि वह नहीं आएगा अब।

परदेश में वायरस ने जकड़ लिया था उसको
उसकी साँसो को, उसके सुरीले कंठ को।
संक्रमित भीड़ में इलाज हुआ था कि नहीं,
मालूम नहीं किसी को अन्तिम दम तक
कहाँ गया वह उन भयावह लाशों के ढेर में।

मैं प्रतीक्षा कर रही थी कब से उसकी
पर जान गई कि वह अब कभी नहीं आएगा
पर इस पगली गाँव की राहों को
बौर से लदी अमराइयों को, कैसे बताऊँ
कि वह नहीं लौटेगा अब सैकड़ों फागुनों के बाद भी।

गली वाली वह छोटी सी दुकान

गली वाली वह छोटी सी दुकान
उसमें जाने से लोग समझते थे अपमान।
और कहते थे बड़ी शान से,
हमें नही पसंद है यह गली की दुकान।

सीधे जाते थे सिंगापुर माल,
सिने पोलिश और पलासियो माल
भर लाते दुनियाभर का सामान।
अब जब लाकडाउन हो गया पूरे देश में,
और सभी माल हो गये बन्द।

तब वही छोटी सी दुकान,
हो गई सब की माई बाप।
हल्दी, मिर्चा, नमक, जीरा
ऑटा, चावल, चीनी, छोला
दालें, दही, दूध और दलिया,
उसने जाकर घर घर पहुँचाया।

ठेले से हम नहीं लेंगे सब्जी,
नही लेंगे नुक्कड़ वाले से फल
नहीं लेंगे घर का सामान,

इन छोटे मोटे दुकानदारों से।
हमारे हाई क्लास स्टेट्स के कारण
नहीं जलेगा चूल्हा इनका,
बच्चे तरसेंगे टुकड़े-टुकड़े रोटी को,
क्या सोचा है कभी इन के बारे में?

ऐसा लगता है, इन क्रिया कलापों से,
छोटों से हमें नफरत हो गई है।
और बेईमानों, ऊँचे लोगों से,
हमने बेवज़ह मुहब्बत कर ली है।

कोविड 19 में महामारी से कुंठा ग्रस्त लोगों के लिये

जागो उठो सुबह हो गई है
क्यों हो अलसाये थके से
निराश बेचैन और व्याकुल से,
सोच रहे हो कहाँ जाऊँगा उठ कर,
पड़े रहने दो पलंग पर- लॉक डाऊन में।

उगते सूरज को तो देखो जरा
मुस्कुरा रहा है अपनी किरणों के साथ
मुस्कुराओ तुम भी नन्हें मुन्नों के साथ
कुछ किताबें पड़ी हैं बेतरतीब सी
सँभालो उन्हें ज़िंदगी की तरह।

वह फूलों की क्यारी मुरझा गई है।
झुलसी जा रही हैं उनकी कलियाँ सभी
गुलाब की पंखुड़ियाँ भी हैं कुछ उदास
लटकाये मुँह झुक गई हैं आस पास
सँभालो उन्हें वरना झर जायेंगी जमीं पर।

पहले भी आयी हैं मुसीबतें तमाम,
रहीं कुछ दिनों और फिर चली गईं;

जहां में है न कुछ भी शाश्वत, निरन्तर
तो फिर यह कैसे रहेगी हर समय
वह देखो बच्चे खिलखिला रहे हैं।

उड़ोगे गगन की ऊँचाइयों पर फिर
करोगे पार विस्तृत समन्दर को फिर
करोगे सुन्दर पहाड़ों की सैर फिर
न हो परेशान तुम कायरों की तरह
जागो उठो सुबह हो गई है अब।

सागर

सागर अपनी सीमाओं में रहे,
तो ही अच्छा है।
सुनामी ने न जाने कितने घर,
पानी में बहाये हैं।

जीवन मर्यादा में ही रहे,
तो ही अच्छा है,
वरना कितने घर आँसुओं ने बहाये हैं।

बगिया

बगिया संवारने में
काँटें चुभते हैं हजार।
पर खिले फूलों को देखकर
दर्द-ए-एहसास,
होता नहीं
एक भी बार।

सुहानी सुबह

सुहानी सुबह
हो जाती है रक्तरंजित
खून से लथपथ।

जब पढ़ती हूँ न्यूज में
कि आबरू तार-तार कर
एक और नादान बेटी का
कत्ल हो गया आज।

क्षणिकाएँ

1.

उस दल ने
दूध की मक्खी की तरह
निकाल कर फेंक दिया उसे।
और दूसरे दल ने
सर आँखों पर बिठाया इस तरह
स्वर्ग से उतर कर आया हो
जैसे हो महामानव कोई।

2.

सब तो रंगे पुते हैं एक ही रंग में
महफिल बड़े लोगों की है यह।
पहचानना बहुत मुश्किल है यह
कौन अपना है और कौन पराया है।

सागर क्या याद हैं तुम्हें?

सागर तुम्हारे नाम हैं बहुत बड़े-बड़े
जो नहीं थकते तुम्हारी विशालता का
बखान करते-करते।

महानद, महासागर, नदीश, वारीश
पयोधि, अर्णव, रत्नाकर, पारावार
नीर निधि, पयोनिधि, सिन्धु और नदीश।

पर क्या तुम्हें याद है कि
तुमने कभी बूँद भर पानी से
किसी की प्यास बुझाई हो?

एक छोटी सी अभिलाषा

हे जगत नियन्ता!
मैं अगर उठूँ
तो पुष्पित पल्लवित
पर्वत की तरह
लाखों पंछियों का
बसेरा तो बन सकूँ।

अगर मैं गिरूँ तो
मीठे झरने की तरह
प्यासों, तृषितों और पीड़ितों को
अमृत जल तो दे सकूँ।

धन कुबेर

उन्हें न सूरज पसन्द है
और न चाँद।
न लहलहाती हुई फसलें
और न छोटे किसान
उन्हें पसन्द हैं, बड़े-बड़े गोदाम
बड़ी-बड़ी रिहायशी कोठियाँ
और भव्य इमारतों में रहने वाले
धन कुबेर।

बहुत प्यारा यह नाता, राजनीति का

चुनाव था दीदी का और
चोट लगनी थी दीदी को इसी समय
और भाई जी का हैलिकाप्टर भी
खराब होना था इसी समय।

दीदी उठीं, कसी कमर और बोलीं, "व्हील चेयर लाओ"
अब रुकेंगे नहीं कदम, होगी रैली।
भाई जी दहाड़े और गरजते हुए बोले,
"रुकेंगे नहीं कदम मेरे भी
वर्चुअल रैली होगी मेरी भी अब।"
दीदी बैठी व्हील चेयर पर
दे रही जोरदार भाषण।
भाई जी दहाड़ रहे वर्चुअल रैली में,
गिना रहे अपना विकास
और भविष्य के अपने प्लान।
आखिर यह है हिन्दुस्तान।
मेरा भारत अति महान।

सरहद पर बसा गाँव

यह मेरी ऐसी तकदीर है कि मैं
सरहद के पास का गाँव हूँ।

न रात है, न दिन है, न दोपहर का नाम है यहाँ
न चैन है, न अमन है, हर पल हाहाकार है यहाँ।

खौफ और दहशत का मंजर हर वक्त है यहाँ
गोलियों की गूँज और हैवानियत का राज है यहाँ।
पत्थर बारूद और बड़े बड़े असलहे हैं यहाँ।

अब इंसान की कोई दुआ भी कबूल होती नहीं यहाँ
यह मेरी तकदीर है कि मैं
सरहद के पास का गाँव हूँ मैं।

भवन के खम्भे

भवन के खम्भे
पूरे बोझ को
बखूबी उठाये हुए हैं
न जाने कब से?

पर किसी को भी
इस बात का जरा भी
एहसास तक नहीं है कि
थक गये होंगे वे खड़े-खड़े।

उजड़ता जरूर है

भर भर कर गले में
जब किसी के
पुष्प मालाएँ सुसज्जित होती हैं,
और चहुँ ओर सुवासित होती हैं,

तो निसन्देह कोई उपवन,
या बगिया या कोई तरूवर,
अपना नूर खोकर,
उजड़ता जरूर है।

वह क्या जाने

गाँव, गलियों, खेतों की बातें
इनकी बेचैनियों को वह क्या समझे?
कब वह देखते हैं अपनी नजरों से?
इन जमीं के फकीरों को, लाचारों को।

वह तो हवाई रास्ते से उड़ते हुए
ऊपर ही बादलों को देखते हुए गुज़र जाते है।

कुछ क्षणिकाएँ

1.
समुन्दर पीने की इच्छा है
तो पी लो, सारी जलराशि।
पर याद रखना
डूब जाओगे।

2.
इश्क करना है तो,
करो इबादत हर शख्स की,
जो प्यासे हैं, भूखे हैं, बीमार है
कर के तो देखो इनकी इबादत
सच में, बहुत तसल्ली मिलेगी।

3.
जरूरत तो थी,
तुम्हारे साथ की बहुत।
पर अचानक एक मोड़ पर,
राह बदल ली तुमने।

4.
मैंने कई बार, सूरज के साथ देखा था उसे।
पर तब भी नहीं भूला वह, अदब और कायदे जरा भी।

5.
मैंने सोचा था कि
मुझसे ऊँचा कोई नहीं इस जगत में।
आँख खोल कर देखा, कि
सबसे निचली सीढ़ी पर खड़ी हूँ मैं।

6.
पास रहो या बहुत दूर,
पर इतना तो हो जरूर,
जहाँ पर भी रहो, वहाँ पर,
महफ़ूज़ रहो भरपूर।

7.
हो तो कोई ऐसा हुनर दार!
जो उजड़े गुलिस्तां को फिर से आबाद कर दें।

8.
तलाश है मुझे आज ऐसे भगवान की
जो दे सके साँस निष्प्राण को।

9.

इश्क तो वह भी करते हैं ज़बरदस्त।
कुर्सी से, वोट से, वक्त, बेवक्त, हरवक्त।

10.

अमीर को क्या पड़ी है
कि वह इश्क करे,
इंसान से, इंसाफ से
या इंसानियत से।

11.

इश्क करो यतीम से और लाचार से।
जिसका न हो कोई, खिदमतगार बनो उसके।

12.

चाहिये तो एक गिलास पानी ही
प्यास बुझाने के लिये।
लालसा है अधिक की, तो लूट लो उनके हिस्से का
पानी भी, जो तरसते हैं एक बूँद पानी को।

13.

इतनी भारी-भारी
बोझिल सी
इन दुःख की गठरियों को
आखिर कब तक ढोते रहोगे?
अरे कभी तो उतार कर
रख दो इन्हें, किसी जगह पर,
कुछ देर तो सुकून से रहोगे!

14.

आएगी एक शाम विदाई की मौन जुदाई की।
बातें रह जायेंगी आधी
अब न होंगी मुलाकातें।
रह जायेंगी! रह जायेंगी,
रह जायेंगी, बस यादें।

15.

न जाने किस के दिल में
कितना दर्द है दफ़न
क्या कोई जानता है इसका सच,
यों तो दिखती है मुस्कान चेहरे पर।

16.

तो चलें हम और आप सभी
इस नये वर्ष में प्रवेश करें।

17.

कैसे बीता, क्या करें मनन अब!
दुःख, दर्द और आँसुओं की लड़ियों को
मानवता की दुखद उन घड़ियों को
कैसे भूलें, कैसे समझायें, मन को अब।।

18.

घर आँगन के सन्नाटों को, प्रिय जनों के जाने को।
एक-एक कर गये गमन, उन रिश्ते नातों को।
सहज नहीं है इतना, भुला पाना उन सब को।
कैसे भूलें, कैसे समझायें, मन को अब।।

19.

चाहें जितना याद करें, अश्रु बहायें दिन प्रतिदिन।
प्रीति यही है, रीति यही है, इस धरती की।
न कुछ सदा रहा है, न सदा रहेगा कभी।
सत्य है यही बहुत, उन्हें न पाएँगे अब कभी।

20.

सुख आये या दुःख, हमें समदर्शी बनना होगा
उस नियति, प्रकृति या सर्वशक्तिमान सत्ता से,
करें दुआ, हम सब हिम्मत न हारें हो न जायें अधीर
चाहे सुख के या दुःख के सागर लहराये,
अडिग रहें हम सब।

21.

नई लालसाओं और नई उम्मीदों को हृदय में बसा।
दीप लिये हाथों में करें प्रकाशित हर पथ को सदा।
सुख मय जीवन की करें कामना, पर सुख में रत रहें सदा
जो रहीं अधूरी इच्छायें, उनके लिये अथक प्रयास करें अब।

तेरे हाथ में गर कलम है तो

तेरे हाथ में गर कलम है तो,
तू गरीब की चमचमाती तकदीर लिख।

उनको जल्द से जल्द रोजगार मिले,
तू सुन्दर ऐसी कोई तदवीर लिख।

खेतों खलिहानों का तू अद्भुत प्यार लिख,
दुखी, शोषितों, बेसहारों की तू आवाज लिख।

आसमानों पर तेरी कलम है क्यों?
अरे तू तो जमीन की दास्तान लिख।

प्रताड़ित बेटियों और बहनों के बहते आँसुओं को लिख,
जलाई गई नादान बच्चियों के आँगन की चीख लिख।

सदियों से सताई गई कौम की, तू दर्दनाक आहट लिख।
जो न पढ़े कभी स्कूल में, तू वो सच्ची किताब लिख।

वह पत्थर दिल है,
ऐसा कहा जाता है

पत्थरों को यों ही मिला है व्यर्थ अपयश।
यह भी सिर्फ एक तरह के नहीं होते हैं।
भांति-भांति के अद्भुत रूपों में होते हैं।

याद करो उन पावन पवित्र पत्थरों को।
जिन्होंने श्री राम को सागर पार कराया था।
न होते पत्थर तो न होता रावण का विनाश।

याद करो उन स्नेहिल प्यारे-प्यारे पत्थरों को।
जो ताजमहल में चमचमा रहे हैं अभी तक।
और प्रेम मुहब्बत के प्रतीक बन इतरा रहे हैं।

याद करो उन बेहद खूबसूरत पत्थरों को।
जो कट छंट कर महात्मा बुद्ध बन गये हैं।
और करूणा, त्याग, तपस्वी बन मुस्कुरा रहे हैं।

याद करो उन महिमा मंडित पत्थरों को।
जो दैत्यों के संहारक, विनाशक बन कर।
देवी दुर्गा की अलौकिक मूर्ति बन गये हैं।

मुँह पर ताले

वह मेरी स्टूडेन्ट थी कभी
बहुत ब्रिलियंट थी।
बात-बात में बहस करती थी।
नगीने जैसे तर्क प्रस्तुत करती थी।

उस दिन दूरदर्शन पर वह
किसी महिला का इन्टरव्यू ले रही थी
सवाल पूछ रही थी
और वह भद्र महिला जवाब दे रही थी।

एक ऐसा वक्तव्य प्रस्तुत किया उन्होंने कि
बड़ी आसानी से इतिहास पलट दिया पल में।
जिस से शहीदों की आत्मा कुलबुला उठी।
बलिदानियों की रूह से टपकने लगे आँसू।

मैंने सोचा कि अब मेरी यह विदुषी छात्रा
उड़ा देगी धज्जियाँ इनके कठोर असत्य की।
पर मौन रही वह तो, होठों को चिपकाये बैठी रही।
मुझे ऐसी उम्मीद न थी उससे, ऐसे शर्मनाक मौन की।

अगले दिन मैंने उसे फोन किया और कहा कि

तुम तो ऐसी न थी, तुम्हारी विद्वता पर गर्व था मुझे।
वह आह भरती हुई, बहुत दुखी होती हुई बोली-
"मैम, मुझे स्वतंत्रता संग्राम का
इतिहास पता है पूरा
स्वतंत्रता के दीवानों के त्याग और तपिश का
ज्ञान है मुझे
यह भी मैं जानती हूँ मैम
कितने फाँसी पर झूले।
कितनी माताओं की गोद सूनी हो गई।
बहनों की राखियाँ झुलस गई।
चूड़ियाँ टूट कर बिखर गई।
मांग के सिन्दूर उजड़ गये।"

इतना सब जानते हुए भी विरोध क्यों नहीं किया तुमने
उन मोहतरमा की बयानबाजी का।

वह बोली,
"कहाँ मिलता है काम, रोजगार, नौकरी आजकल
मुझे बेटी की फीस देनी होती है।
बेटे के कैरियर की चिन्ता है।
और फिर इस मंहगाई में।
फ्लैट की किश्तें बहुत बाकी हैं अभी।"

मैंने कहा, अपनी उस छात्रा से,
"अब जरूरत नहीं कुछ बताने की।
मैं सब समझ गई तुम्हारी विवशताओं को।"

फोन रख दिया मैंने और मन व्यथित हो गया बहुत
अब उसकी पीड़ाएँ मेरी हो गई।
मैं सोचने लगी बच्चों के कैरियर के लिये
और घर गृहस्थी को चलाने के लिये
कितने बड़े-बड़े बोझिल ताले
मुँह पर लगाने पड़ते हैं।

दर्दनाक रेल हादसा

दौड़ते रेल के डिब्बे हुए जमींदोज
अचानक मौतों का प्रचण्ड ताण्डव
बोगियों में फँसे रक्त रंजित शव।

चीख पुकार-भय-सन्नाटा
तड़पते, अधमरे लोग,
रोते, बिछुड़ते बच्चों का कोहराम।

गमों का जलजला
आँसुओं की बरसात और
शोकाकुल व्यथित परिवार।

हे ईश! जो चले गये हैं अचानक
उनके प्रियजनों को दे शक्ति
साहस और हिम्मत
उनकी स्मृति में जीने की सामर्थ्य।

जीना होगा

फूलों में, पतझड़ में,
कलियों में, काँटों में,
प्रकाश में, तमस में,
हास्य में, रुदन में,
जीना होगा।

बूढ़ों में, बच्चों में
भीड़ में, अकेले में
शहर में, गाँव में
खेतों में, खलिहान में।
जीना होगा।

सुखों में, दुखों में
प्यार में, दुत्कार में
मान में, अपमान में,
आग में, हिमपात में,
जीना होगा।

भोग में, रोग में,
दोस्तों में, दुश्मनों में,
परमार्थ में, स्वार्थ में,
आज में, भविष्य में,
जीना होगा।

दीपावली

दीप लक्ष्मी!
तुम रनिया की झोंपड़ी में भी आना।
आकर दो चार दीप जला जाना।

खील खिलौने और मिठाई लाना।
दो चार खेल, खिलौने भी लाना।

अँधेरे में उसका बीमार नन्हा।
अकुलाता है, बेचैन हो बड़ा डरता है।

इस बार तुम उसके घर जरूर आना।
आकर, खुशियों के दीप जला जाना।

पड़ोसी चच्चा कब गुज़र गये

हमें पता है 'पीसा का टावर' इटली का लैंडमार्क है।
हमें पता है टेम्स नदी पर, 'लन्दन ब्रिज' बना है।
पर नहीं पता है, पड़ोसी चच्चा कब गुज़र गये?

हमें पता है न्यूयार्क में 'स्टैच्यू आफ लिबर्टी' भव्य खड़ा है।
हमें पता है, अमेजन संसार की दूसरी सबसे बड़ी नदी है।
पर नहीं पता है, पड़ोसी चच्चा कब गुज़र गये?

हमें पता है, 'चीन की दीवार' संसार का बड़ा अजूबा है।
हमें पता है 'एफिल टावर' गुस्टैव एफिल ने बनाया था।
पर नहीं पता है, पड़ोसी चच्चा कब गुज़र गये?

ज़िद्दी शब्द

कुछ शब्द गूँजते हैं
निरन्तर मेरे कानों में
मैं चाहती हूँ, उन्हें मिटाकर
नये शब्द लिखूँ, पर वह
अगले दिन और बड़े होकर
छपते हैं, और दिखते हैं, न्यूज में।

अराजकता, बर्बरता, दरिन्दगी,
जघन्य अपराध, मुल्जिम का नार्को टेस्ट,
आत्महत्या, वधू हत्या, भ्रूण हत्या,
भ्रष्टाचार, उत्पीड़न, दमन और शोषण,
ऐसे अनेक ज़िद्दी शब्द हैं हमारे आस पास
जो मिटाये नहीं मिटते, समाज हो रहा हताश।

लत है

हरेक मौसम को हर पल, परिवर्तित होने की लत है।
हमें उदासियों में भी हर, त्यौहार मनाने की लत है।

कोरोना संक्रमण को तेज रफ्तार से, फैलने की लत है।
समझदार लोगों को फिर भी, मास्क न लगाने की लत है।

जानकार हैं बहुत हम, फिर भी कानून तोड़ने की लत है।
भुगते हैं बहुत हम पर गाइड लाइन की धज्जियाँ उड़ाने
की लत है।

सभी नेताओं को रैलियों में खूब भीड़ जुटाने की लत है।
और चुनाव में दल बदल कर भागने की भी बुरी लत है।

माइक ले ले कर स्वयं को सुपर से सुपर बताने की लत
है।
खुद है मानो गगन, तो दूसरे को गहरी खाई बताने की
लत है।

पैकिंग आकर्षक पर बहुत खराब माल बेचने की लत
है।

मैं ऊँचा मेरा खानदान ऊँचा, यह दर्शाने की बड़ी बुरी लत है।
बहुत कम मेहनत में, समूचा आसमान उठाने की लत है।
बिना पढ़े बिना लिखे, यह तो देखो सर्वोच्च पद पाने की लत है।

पुरूषों को गुमान है बहुत, स्वयं को नम्बर वन समझने की लत है।
और महिलाओं को हर दशा में, नम्बर दो ही समझने की लत है।

बहुत याद आता है

अम्मा का आँगन में चलना,
मानों हजारों गुलाबों का महकना,
उनका सिर पर हाथ रखना,
मानों दुआओं की अविरल बरसात होना।
बहुत याद आता है।

बाहर से घर में बाबा के आने पर,
घूँघट जतन से सँभालना,
रसोई घर के चूल्हे पर,
फूली सोंधी रोटी बनाना,
बहुत याद आता है।

कभी गुस्से में डाँटना डपटना,
तो कभी प्यार से समझाना,
कभी छोटी सी बात पर भी,
हँसना खिलखिलाना।
बहुत याद आता है।

एक दिन उनका हमें छोड़,
हमसे बहुत दूर चले जाना,
सुन्दर काया का निराकार हो,
एकाएक तस्वीर में बदल जाना।
बहुत याद आता है।

प्रकृति कहती बारम्बार

प्रकृति कहती बारम्बार
न करो मुझसे दुर्व्यवहार
बोला वृक्ष–
"मैं फल देता, छाया देता, औषधि देता
शीतल मन्द हवाएँ देता
फिर क्यों काट रहे हो मुझको?"

पानी बोला–
मैं अमृत हूँ, जीवन हूँ
जीव जन्तु का प्यारा हूँ
फिर क्यों व्यर्थ बहाते हो मुझको?

धरती बोली–
"मैं हूँ सहनशीलता की प्रतिमूर्ति
फिर क्यों नहीं तू जरा मानता
मुझपर कूड़ा कचरा टनों डालता?"

नदिया बोली–
"मैं बहती हूँ कलकल, मैं हूँ पावन
बंजर धरती को करती उपजाऊ

फिर क्यों गन्दा करते हो मेरा दामन?"
अगर न सुधरे तो सोचो अंजाम
सूखा, बाढ़, सुनामी भूकम्प
चिकनगुनिया, डेंगू, मलेरिया, कोरोना
से हो जाओगे, तुम सब बेहाल।

हाड़ कंपाती ठंड

हाड़ कंपाती ठंड
कोहरा और धुँध।

ठंडी बर्फीली हवाएँ
गलन से काँपती फिज़ाएँ।

थरथराते तमाम लोग
ठिठुरते अनगिनत शिशु।

फटे पुराने कपड़ों से किसी तरह
तन ढके हुए गरीब।

मैंचिंग स्वेटरों, जैकिटों
साड़ी, शालों और पुलोवरों,

मोजे दस्तानों और मफलरों
से भरे अमीरों के सूटकेस।

ऐ ओहदेदार सूरज!
और धरती के रहनुमाओं!
कुछ तो तरस खाओ।
इन बदनसीबों पर।

एक ही परिस्थिति किसी को खुशी देती तो किसी को दुःख-

हम पर्यटक हैं

हम पर्यटक हैं, सैलानी हैं हम,
पहली बर्फबारी देख रहे हैं हम,
यह देखिये घर, मकान, मैदान, पेड़,
पत्ते, फूल, घाटियाँ, और ऊँचे पहाड़,
सब पर ढक गई है, बर्फ ही बर्फ
दूध की सफेद बर्फी सी, कपास के फूल सी,

हम बड़े खुश नसीब हैं, जो देख रहे हैं
यह पहाड़ी खूबसूरती जो फैली है बर्फ की चादर सी।

हम बाशिन्दे हैं

हम बाशिन्दे हैं यहाँ के, हर वर्ष यह मुसीबत,
झेल-झेलकर बड़े हुए हैं, किसी तरह से,
यह बर्फ जो बरस रही है, फैली है दूध सी,
चूल्हे तक ठन्डे हो गये हैं, बन्द सा है खान पान।

पीने का पानी भी जम गया है, पथरीली शिला सा,
यह बर्फ का कर्फ्यू कब हटेगा, यहाँ सब है बन्द सा,
बन्द राहें, बन्द बाजारें, खुलेंगी सब कब तक,
बहुत परेशानी है, इस आफत से मुक्त होंगे कब तक।

आवारा बादल

तेरा क्या तू तो आवारा बादल
कल बरसा था यहाँ, कहीं कल बरसेगा।
मैं तो नदिया की पावन धारा
मेरे तट मेरे बंधन, मेरी मर्यादा।

नील गगन में उड़-उड़कर
होता तू प्रफुल्लित आह्लदित।
तू है अपने आवारा पन से गर्वित
इतराता है तू है अहं भरा।

मैं सक्रिय हूँ तुझसे ज्यादा
सलिल प्रवाह रुका नहीं है मेरा।
कल जहाँ कल-कल निनाद करती
अब भी वहाँ है मेरी पावन धारा।

तेरा क्या तू तो आवारा बादल
न तेरी सीमा, न तट, न लक्ष्मण रेखाएँ।
झूम-झूम चलता है तू बन काली घटाएँ
कल संसर्ग था जिससे तेरा, उसे त्यागता चलता तू।

तेरा क्या तू तो आवारा बादल
कल बरसा था यहाँ कहीं कल बरसेगा।
मैं तो नदिया की पावन धारा
मेरे तट मेरे बंधन, मेरी मर्यादा।

घर-घर पेड़ लगाओ

घर घर पेड़ लगाओ।
घर आँगन को खूब सजाओ।

छाया तरुवर की अमृत भरी।
शाखाएँ हैं प्यार भरी।

कलियाँ खिलती डार डार।
तब फूलों से महके सिंगार।

शीतल मन्द सुगन्धित बयार।
बनती सबके जीवन का आधार।

पेड़ लगाओ वसुन्धरा पर हिलमिल।
पर्यावरण बचायें, घरों को स्वर्ग बनाये मिल।

पृथ्वी दिवस

पृथ्वी दिवस पर चलो कुछ करें
बड़ी बातें, बड़े वायदे, बड़े इरादे,
तो बड़े लोग करते हैं।

काम वाली राधिका की झोपड़ी में
प्यासे बैठे बच्चों को चलो
नया घड़ा भर कर पानी दे आएँ।

पानी अमृत है

मैंने पूछा उनसे,
"भाई साहब, अभी और कितनी देर लगेगी,
गाड़ी धोने में?"
वह बोले, "आप से क्या मतलब,
मेरी कार, मेरा पानी, धो रहा हूँ।"

कार से उछल-उछल कर पानी
सड़क पर बना रहा है छोटी झील
स्कूटर, ट्रक और गाड़ियाँ
चले जा रहे हैं उलीचते व्यर्थ पानी।

मैंने फिर पूछा,
"भाई साहब!
अभी और कितना पानी बर्बाद करेंगे।"
वह बोले,
"अरे आप अपना काम कीजिये
मेरे पीछे क्यों पड़ी हैं इतनी देर से?"

उन्होंने पाइप लहराया, हर हराता पानी गिराया,
कार की सम्पूर्ण बॉडी पर
ऊपर नीचे, चारों पहियों पर, इधर उधर

दरवाजों पर, स्टफनी पर, सभी शीशों पर।
अब मेरे सब्र का बाँध टूट गया,

मैं बोली,
“बन्द कीजिये पानी की बर्बादी, बहुत हो चुका अब।
बगल की झुग्गी झोंपड़ियों में, बच्चे तरस रहे हैं पानी को
उनकी बूढ़ी अम्मा और मुनिया, ज़िद कर रही हैं नहाने को।
और आप है, व्यर्थ पानी बहाये जा रहे हैं।
मानते ही नहीं, मना करने पर भी, कुछ तो सोचिये।
पानी अमृत है, इसे बहाइये मत,
ऐसे खर्च कीजिये जैसे कंजूस धन को खर्च करता है।“

एक कविता
दूर बसे बच्चों के लिए

तुम चले गये परदेस
जन्म भूमि से दूर
ऊँचा जीवन पाया तुमने
कमी नहीं कुछ इस जीवन में।।

पर याद वतन की आती होगी
सुबह शाम, हर दिन, हर बार
आँखों से मेघ बरसते होंगे
याद आता होगा जब घर परिवार।

हरसिंगार अब बड़ा हो गया
जो रोपा था आँगन में तुमने
प्रातः झर झर झरता ऐसे
जैसे माँ के नयनों से नीर।।

यहाँ तुम्हारा बचपन बीता
वही यादें हैं त्यौहार हमारे
सुखी रहो सम्पन्न रहो तुम
यही दुआ यही आशीष हमारे।।

चलो चलें

कार, ए.सी. दूर दर्शन, कूलर,
आग उगलते, चैनलों के विष भरे
तमाम प्रदूषणों के कोलाहल से
बहुत दूर चलें, वहाँ चलें,
जहाँ सुकून की सांस लें सकें
हरियाली हो,
स्वच्छ जल हो,
स्वच्छ वायु हो,

जहाँ रिश्तों में मिठास हो,
अनुशासित परिवार हो,
बूढ़े बरगद का मान हो,
तुलसी की छाँव हो,
न कोई उदास हो।

जय जवान

जब किसी ने तुम्हारी माँ की ओर
दुस्साहस से देखा था।
तुम्हें सच में बर्दाश्त न हुआ था।
तुम धरा पर बिखर गये थे, अग्नि पुंजों की तरह।

तुम माँ की रक्षा के लिये हो गये बलिदान
तुम्हारी सांसें मिल गईं थीं, महकती हवाओं के साथ।
तुम्हारी अस्थियाँ बन गईं थीं;
भारत माँ की स्वर्णिम शान।

तब हिमालय ने व्यथित होकर, ली थी लम्बी सांस।
सागर मौन हो रोया बहुत था, जागी थी मन में आस।
माँ गंगा ने थपकी देकर तब सुलाया था तुम्हें।
आह भरते हुए यमुना ने, चूम लिये थे तुम्हारे रक्तरंजित घाव।

पर तुम से बड़ा न कोई है जहां में
स्वर्ग में न किसी भी दूसरे लोक में।
तुम्हीं हो माँ के शीश का ताज।
तुम्हीं से है देश का कल और आज।
भारतीय सेना को प्रणाम...

जय विज्ञान

चाँद तुम ना समझना
कि रुक जाएँगे हम
अब तो हमें तुम तक जाना ही है
हमारा आर्बिटर घूम रहा हैं
चारों ओर तुम्हारे
सब कुछ पता लगाने में
वह है सक्षम
हमारा "लेंडर विक्रम" का प्रज्ञान
क्यों भटक गया उस पल जब वह पहुँच गया था तुम तक
तुम तक क्या वहाँ की पथरीली धरा से जा टकराया
या तेज हवाओं के दवाब को सह ना पाया
या अपनी तेज गति पर काबू न रख पाया
या धूल धक्कड़ में फंस इंजन ना चल पाया
चाँद तुम ना समझना कि
हम रुक जाएँगे हम
अब तो हमें तुम तक जाना ही है।

हे कृषक देवता

हे कृषक देवता, तुम भी बढ़ाओ अपनी इम्यूनिटी
इस समय सभी बढ़ा रहे हैं
अपनी-अपनी इम्यूनिटी
तुम तो बढ़ाते हो, हर शख्स की इम्यूनिटी।
देकर सब्जी अन्न गेहूं और धान।
करते हो बड़े बड़े महलों और,
सत्ता के गलियारों के इंतज़ाम।
बढ़ाओ न अपनी इम्यूनिटी तुम भी।

तुम्हें तो बंजर धरती खोदनी है,
अपने हल और फावड़े से।
अरे कैसे करोगे? इतना श्रम?
इतने दुबले हो गये हो तुम।
देखो! इतने निरीह नहीं हो तुम।
तभी तो हर कोई कहता है जय किसान।

तुम्हारे ही सहारे तो
चढ़ते हैं सत्ता की सीढ़ियाँ सब
और फिर आसमान में हो जाते हैं खड़े।
और तुम दल दल भरे खेत में,
घुटनों तक कीचड़ में सने सने,

धान की रोपाई करते हो।
अरे बढ़ाओ न अपनी इम्यूनिटी तुम भी।
क्यों हो तुम इतने उदास?
तुम्हीं तो हो जो
सबका पेट भरते हो
और सब को सत्ता के रथ में बैठाते हो।

अन्नदाता तुम हो महान

जीवित रहने की शर्ते होती हैं कुछ,
दो रोटी, हरी सब्जी, दाल और चावल,
दूध, दही, छाछ, घी और ताजे फल,
गन्ना, सरसों, अलसी, मसाले, और तेल।

सर्व शक्तिमान तुम्ही हो इस धरा पर,
जिस दिन तुम यह उगाना बंद कर दोगे।

तो क्या कोई, पेट भरेगा दौलत से, नोटों से,
आकाश स्पर्शी इमारतों से और दुकानों से,
चमकते मालों से, लाकर में बंद खजानों से
सोचो ज़रा! पेट भर जायेगा क्या इन चीजों से?

तब सृष्टि रहेगी न सृष्टि, सृजन रहेगा न सृजन
विकास रहेगा न विकास, सब होगा वीरान,
हो जाएगा सब सुनसान, जैसे रेगिस्तान,
होगा सब ओर विनाश, जैसे होते हैं श्मशान।।

अन्न दाता की पुकार

5 दिसम्बर 2020 किसानों के दिल्ली बार्डर पर हुए धरना प्रदर्शन पर

सो गईं हैं यह गाँव की पगडंडियाँ।
ओस से भीगी हुई हैं यह अमराइयाँ।
दुखी दादी ले रहीं हैं जमुहाइयाँ।
बैलो को हो रही हैं परेशानियाँ।
खेत पड़े अति चिन्ता में ऐसे।
मालिक कब लौटेंगे, होगें कैसे?
मेंड़ें सूनी, सूनी व्यथित सी रोयें।
मालिक पड़े बर्फीली सड़क पर सोयें।
काँपे धरैतिन, काँपे रोती बिटिया।
काँपे घर आँगन, काँपे बगिया।
सर्दी में सोच सोच यह, सब काँपे।
बप्पा कैसे सहन करेंगे पानी की बौछारें?
न चाहिये सोना चाँदी, न मोटर न कारें।
गाय बैल का पेट भरे, पुरखन को मिलें दवायें।
घर की छत न टपके, बच्चे पढ़ लिख जायें।
मेहनत कर घर लौटे तो, नींद चैन की आये।
हमें हवस नहीं है, ज्यादा पाने का सरकार।
इतना दे दो, कमी न पड़े किसी प्रकार।
बेटा-बेटी ऑफिस में बैठे, किसी सीट पर
कभी कभार फ्लाईट से घूमें, यह भी हो अधिकार।

जी हाँ मैं किसान हूँ

मैं भारत माता का लाल हूँ।
जी हाँ, मैं किसान हूँ।

घर से खेत, खेत से घर
बस यही मेरी, पद यात्रा है।
मेरा तीर्थ, मेरा मन्दिर, मेरा सब कुछ,
मेरे खेत ही, मेरे चारों धाम हैं।

ऊबड़ खाबड़ धरती को, समतल कर
गेहूँ धान मटर सरसों को बो कर।
दिन रात खेत की माटी में, मेहनत कर,
अन्न उगाता किसी तरह, बैलों को चारा देकर।

मैं भारत माता का बेटा हूँ
जी हाँ मैं किसान हूँ।

यों तो लोग बड़ा आदर करते हैं मेरा।
अन्नदाता कह कर दिल प्रफुल्लित करते हैं मेरा।
यह भी सभी जानते हैं कि, सच क्या है मेरे जीवन का।
डूबा रहता हूँ सदा कर्ज में, ब्याज नहीं दे पाता हूँ।

एक दिन ऐसा भी आ जाता है, कभी कभार।
जीवन लगने लगता है, तब असहनीय भार।
जिस शाखा को मैंने बोया, सींचा, पाला, पोसा।
उसी शाखा का लेकर सहारा, कर लेता हूँ अपनी हत्या।

मैं भारत माता का लाल हूँ।
जी हाँ, मैं किसान हूँ।

माना कि

किसान भी धरना प्रदर्शन
सीख गये हैं।
दिल्ली की सीमाओं को घेरना
सीख गये हैं।
बड़ी गाड़ियों में चलना भी
सीख गये हैं।

पर मुझे तो उस किसान की
बहुत फिक्र है जो,
सुबह सिर्फ एक कमीज पहन कर
दुबले बैलों के साथ अकेला
जा रहा है खेत पर
घर में बीमार पत्नी और खांसती
माँ को छोड़ कर।

खाली "जय किसान" बोलने से
काम नहीं चलेगा।
उस का भी मन करता है गाड़ी में घूमने का।
कंचा खेलते अपने नन्हें मुन्नों को
बड़े स्कूल भेजने का।
आखिर खेत की मेड़ पर बैठा वह
कब तक यों ही
ताकता रहेगा वीरानों में?

मजदूर की व्यथा

अधनंगा बदन,
पसीने से सराबोर,
कीचड़ से सने पैर,
धँसे कपोल,
भावहीन नयन,
काँपते से बचन,
टपकती झोपड़ी,
उसमें न बिजली,
न पानी न रोशनदान,
न खुली बयार,
बीमार बच्चे,
कराहती संगिनी,
न भर पेट भोजन,
न चैन न, अमन,
बस हाथ में दमदार फावड़ा,
पर न उसका फावड़ा न खेत,
दो जून की रोटी के लिये,
कब से श्रम कर रहा है यों ही।

बेटी

कितने प्रश्नों का समाधान है बेटी,
पावन पुराणों में संचित ज्ञान है बेटी।

सावित्री, अपाला, सीता और यशोधरा है बेटी,
यशस्वनी, कल्पना चावला और मलाला है बेटी।

संवेदना है बेटी, मानव चेतना है बेटी।
उपलब्धि है बेटी, संस्कृति है बेटी।

परिवार की सभ्यता है और प्रबोधना है बेटी,
प्राणों की आत्मा और सद्भावना है बेटी
अँधेरे में ज्योति है बेटी, असमंजस में सुनीति है बेटी।

आनन्द की बरसात है बेटी,
जीवन की मिठास है बेटी।

पथरीली जमीं की हरितिमा है बेटी,
संघर्षों में सृजनाओं की लालिमा है बेटी।

फिर बेटी पर प्रश्न उठते क्यों व्यर्थ?
कुछ अमानव बेटी पर करते अत्याचार।

वो नहीं यातना प्रताड़ना की हकदार,
वो चाहती है सिर्फ प्यार व सत्कार।

और फिर गर्मियाँ आ जायेंगी

वह लड़की होगी लगभग तेरह साल की
रोज जाती है, सात आठ बजे सुबह
कँपकँपाती है, भीषण ठंड से
फिर भी ठंडे पानी से बर्तन
धोती है किचेन में।

फिर शाम को भी जाती है,
कभी धुँध में कभी बूंदाबांदी में।
मालकिन गुर्राती है जोर से
तेरे हाथों में जान नहीं है क्या?
जो इतने गन्दे बर्तन धोती है!
मुफ्त में तो माँजती नहीं है,
जब देखो अम्मा पैसे लेने चली आती है।
वह छोटी बच्ची डर जाती है,
साफ माँजने की कोशिश में,
उसकी फ्राक भीग जाती है
ठंडे-ठंडे पानी के छींटों से।
उसे ठंड लग रही होती है।

पर वह नादान बच्ची, सोचने लगती है,
कि अम्मा की तबियत ठीक हो जायेगी,

तो वही आयेगी काम पर।
और कुछ ही दिन की मेहमान है
यह सर्दी यह बारिश यह ठंड।
चली जायेगी यह एक दिन,
और फिर गर्मियाँ आ जायेंगी,
मैं छोटू भोलू, गुड़िया और मालती,
इक्कड़ दुक्कड़ खेलेंगे, फिर नीम के नीचे।

वह औरत

शराबी पति ने उसे पीटा,
झकझोरा और बाल पकड़कर
धकियाते हुए बेवज़ह
घर से निकाल दिया।
अपनी दो बेटियों के साथ
वह कालोनी में साहबों के घर
काम करने लगी।
उसने सोचा वह मेहनत करेगी
बेटियों को पढ़ायेगी, कुछ बनायेगी
ऐसे नारकीय पति के शिकंजे से,
रह कर दूर, जियेगी शान से।
यौवन के प्रथम सोपान पर,
कदम न रख पाई उसकी बेटियों को,
कुछ सम्भ्रान्त कहे जाने वाले लोग
घूरते ऐसे, जैसे, पी जायेंगे मदिरा के घूँट की तरह
अपनी बेटियों को, कोई घुटके सुरा सी
न सह सकी उन घूरती, मादक, नजरों को
आखिर वह औरत माँ थी उन बेटियों की।
और अब वह औरत सोचने लगी है।
कि सबकी ललचाई नजरों से अच्छा,
तो वह एक शराबी था।

उसकी बेटियों का बाप तो था।
और अगली सुबह उस, लाचार, बेबस
औरत के कदम,
उसी शराबी पति के घर की ओर मुड़ गये।
उन बेटियों के शराबी बाप की ओर मुड़ गये।

तेरे जाने के बाद

तेरे जाने के बाद
तेरी याद आई बस
याद आई बार-बार
मेघ रोया बरस कर,
चाँद रोया चुपचाप

दिवस रहा बोझिल बहुत।
रात बीती बेहद उदास।
पवन चला आह सा।
दीर्घ तप्त उच्छवास।

नयन से आँसू बहे।
जैसे नदिया की धार।
थर थर मन काँपे ऐसे
जैसे पीपर पात
तेरे जाने के बाद
तेरी याद आई बस
याद आई बार बार।

नश्वर है सारा जगत वृतान्त

देखा तुम्हें जब प्रथम बार
लगा मानो किसी ने
शान्त सरोवर में, धीरे से
कंकरी दी हो डाल।
लहरें हुई बेहाल जैसे
सरोवर लबालब हो आँसुओं से

मायावी मृग-मरीचिका में,
भटकने लगे मन प्राण,
सुलगने लगे अनन्त अरमान,
अर्न्तद्वन्द हुआ अन्तस में।

नहीं पता हम कहाँ तिमिर में,
एक ज्योतिपुन्ज उदित हुआ तब,
अर्न्तमन में- बोला हँस कर!
अरी मुग्धा, पागल, नादान।
यह सब भटकन है, वृथा संसार
क्योंकि नश्वर है सब जगत वृतांत।

चार दिन की है यह ज़िंदगी

कहने को तो है चार दिन की यह ज़िंदगी
पर चार दिनों में, क्या क्या नहीं दिखाती है ज़िंदगी।

कभी खुशियों और मुस्कराहटों की फुहारें
तो कभी दुखों और गमों की बारिशें।

कभी वैभव और अभिमान की खनकती बोलियाँ
तो कभी विवशताओं और उदासियों की लाचारियाँ।

कभी गगन चूमते दिन तो कभी धरा भी नसीब नहीं।
ऐसे कारवाँ गुज़रते कभी, कि अपना होशो हवास भी नहीं।

पर मानव का काम नहीं, कि थक हार कर बिताये ज़िंदगी।
आगे बढ़ते रहें कदम सदा, रंग बदलती रहती है ज़िंदगी।

तेरा कोई साथ न दे तो, तू उड़ ले

तेरा कोई साथ न दे तो,
तू आकाश में उड़ ले।
पंछी की तरह, तितली की तरह
अपने संकल्पों के पंखों के बल पर,
तू नभ पर चढ़ ले।

लोग समझते हैं कि तुझमें
उड़ने की सामर्थ्य नहीं है।
और तू है शक्तिहीन, अक्षम
पर जब तू उड़ लेगा नभ में,
तब वही लोग आएँगे तेरे पास
और पूछेंगे, होकर हैरान
कैसे उड़ लिये, इतनी ऊँची उड़ान?

तब तू मुस्करा कर, कह देना
कि मन में थी तपन।
उड़ने की थी लगन।
पंखों में थी अगन।
सो उड़ लिया गगन में।
और पहुँच गया, चाँद तारों के पास।

तुम्हारी आँखें

ब्रह्माण्ड के समस्त आकर्षण से
भरी तुम्हारी आँखें।
सच सुरमीली साधकता से
सनी तुम्हारी आँखें।
मन्दिर के पावन द्वार सी
खुली तुम्हारी आँखें।

अनछुई लालसाओं से
लसी तुम्हारी आँखें।
अपनेपन में डूबी, स्नेह सिक्त
रस पगी तुम्हारी आँखें।
कुछ भी न कहकर
सब कुछ कह गईं,
युगल तुम्हारी आँखें।

तेरा अहसास

गहरी झील सी तेरी आँखें
क्या इतना गहरा है, तेरा प्यार?
अमृत रस सी तेरी नजरें
क्या इतना पावन है तेरा प्यार?

मधु रस सिक्त से तेरे अधर
क्या इतना मधुर है तेरा प्यार?
चाँदनी सी है विमल तेरी मुस्कान
क्या इतना आह्लादक है तेरा प्यार?

बसंत ऋतु सा तेरा आगमन,
क्या इतना मादक है तेरा प्यार?
पतझड़ ऋतु सा गमन तेरा
क्या इतना विकल है तेरा प्यार?

नील गगन सा तेरा अहसास
क्या इतना व्यापक है तेरा प्यार?
माँ के आँचल सा तेरा विश्वास,
क्या इतना स्वर्गिक है तेरा प्यार?

मैं नहीं चाहती

मैं नहीं चाहती,
बुझे दीप हो, किसी द्वार पर।
अंधकार हो, किसी डगर पर।
अविश्वास हो, किसी नजर में।
रक्तपात हो, किसी नगर में।

मैं नहीं चाहती,
प्रिय विरह हो, किसी मीत को।
गायक न मिले, किसी गीत को।
प्यार न मिले, दुखित हृदय को।
मुस्कान न मिले, किसी के श्रम को।

मैं नहीं चाहती,
पतझड़ आये, किसी चमन में।
खलल पड़े, किसी के अमन में।
दरार पड़े, किसी के मन में।
दीवार उठे, किसी आँगन में।

आम आदमी, और प्रगति शील आदमी

अपने काम को, पूरे मनोयोग से करने वाला
घर में भी और आफिस में भी बेचारा
सीधी और सरल ज़िंदगी जीने वाला।
अपने बच्चों को सीधी राह पर
चलने की नसीहत देने वाला- बेचारा
नाप तौल कर सही बात बोलने बाला
ईमानदारी से सारे फर्ज निभाने वाला- बेचारा

प्रगति शील आदमी, ऊँची उड़ान भरने वाला
चार काम करके, आठ काम बताने वाला।
बहुत धीमी रफ्तार से काम करने वाला
पर मुद्रा प्राप्ति के बाद, दौड़ दौड़ कर काम करने वाला।
चौकन्ना होकर इधर उधर चक्कर लगाने वाला
ठसक से रहने वाला, और बढ़-चढ़ कर बोलने वाला
श्रम से नहीं इत्र से, जिस्म को महकाने वाला,

वह आज का उन्नत शील आदमी जब-
आम आदमी से कहता है- कि आपने किया ही क्या है?
लोग कहाँ से कहाँ पहुँच गये, और
आप पड़े हैं वहीं के वहीं।

तब आम आदमी, कुछ नहीं बोलता है,
क्या बोले बेचारा!
बस हो जाता है मौन,
और उस प्रगतिशील आदमी का चेहरा देखता है,
बिल्कुल चुपचाप, निःशब्द, होकर मौन।

अचानक

ये 'अचानक' भी
आँधी तूफान जैसा शब्द है।

रात के बारह बजे
हजार और पाँच सौ के नोट,
अचानक शहीद हो जाते हैं,
धन कुबेरों की काली कमाई,
निकालने की खातिर।

अचानक कभी कोई दिव्य मित्र
मिल जाता है,
भर देता है जीवन को खुशियों से,
स्नेहिल अरमानों से
भर जाता है हर पल जीवन का।

और कभी कोई अचानक
बिछुड़ जाता है, स्मृति बन जाता है।
उसके बिना ज़िंदगी
हो जाती है, आँसुओं की नदिया,
कभी रोती है, तो कभी सिसकती है ज़िंदगी।

मुसाफिर

ऐ ज़िंदगी के मुसाफिर!
तू घबरा कर कहीं रुक न जाना।

क्योंकि तुझे मंजिल तक पहुँचने के लिये,
चलना ही होगा, निरन्तर चलना ही होगा।

यह जीवन पथ है यहाँ सभी कुछ इतना आसान नहीं
राहों में शोले भी होंगे, आँसू भी होंगे, कहीं आराम नहीं।

ऐ ज़िंदगी के मुसाफिर तू थक कर रुकना नहीं मंझधार में
चाहें आँधी आये, तूफान आयें, हर पल तुझे चलना ही होगा।

ऐ ज़िंदगी के मुसाफिर तू घबरा कर कहीं रुक न जाना
क्योंकि तुझे मंजिल तक पहुँचने के लिये चलना ही होगा।

लोकतंत्र क्या है?

यह ऐसा तंत्र है,
जो जनता द्वारा जनता के लिए,
जनता का, होता है।
पर सरकार बनने के बाद
आप का तंत्र
क्या आप को
अपना लगता है?

चिंतन करें
फिर मतदान करें।

करें ऐसा चुनाव प्रचार
थोड़ा सा शिष्टाचार
थोड़ा सा व्यवहार
और थोड़ा मानवता से प्यार।

जनता से करें मनुहार
बोले ऐसा मधुर-मधुर
जिससे झलकें हमारे सुसंस्कार
करें ऐसा चुनाव प्रचार।

नेताजी की संस्कारी पत्नी ने पूछा
कि सही लोगों को टिकट दिये हैं?
कहीं दागी, अत्याचारी, चालबाज
घोटालेबाज, दगाबाज, धोखेबाज,

बड़े प्यार से बीच में ही नेता जी बोले
बड़ी भोली हो, तुम समझती नहीं
चुनाव जीतते ही 'वह' सिर्फ
और सिर्फ 'माननीय' हो जाते हैं।

इलैक्शन

इलैक्शन है तो क्या हुआ?
परस्पर युद्ध, थोड़े ही है।

प्रजातंत्र की व्यवस्था का
पालन ही तो करना है।

न गोली, न हत्या, न बन्दूक, न झूठ
न बैर, न द्रोह, न नफरत करना है।

इंसानियत है हमारी संस्कृति, सभ्यता
वोट देकर, अच्छी सरकार ही तो चुनना है।

असर

असर सब पर है
अछूता कोई नहीं है।

वे सत्तारूढ़ हैं
तो मदहोश होना लाज़िमी है
वे सत्ता पाने को बेताब हैं तो,
होशोहवास खोना लाज़िमी है,

और बेचारी जनता, वह तो
न जाने कब से बीमार है।

विशिष्ट चिंतन

देश में हों, हत्या, लूटपाट और बलात्कार।
चोरी डकैती घूसखोरी घोटाले और भ्रष्टाचार।

बालाओं का चीरहरण हो चौराहों पर, न कोई मलाल।
दहेज लोभी नर पिशाच, वधू दहन करें,
या जीवित करें हलाल।

गरीबी बढ़े तो बढ़े, विकास रुके तो रुके।
आवासहीन शिशु भूखे प्यासे दम तोड़ दें, तो तोड़ें।

विराट कुर्सी पर बैठ कर, मनुष्य की विराटता का
चिंतन हो जाता है लुप्त, मेरा, मेरे स्वजनों का।

हो भला, ऐसे आत्म चिंतन की होती है वृद्धि।
विशिष्ट चिंतन होता है, हर पल, रहे सलामत कुर्सी।

वायदे

गरीब से किये गये वायदों का क्या
वह तो अक्सर टूटते ही हैं हर बार।

एक बार गगन चुम्बी इमारतों
में रहने वाले सभ्य और रूतबेदार।

लोगों से मित्रता में किये गये बड़े
वायदे भी तोड़कर देखियेगा सरकार।

गुलाब

मुझे पता है कि जितने गुलाब
उनसे कई गुना काँटे है उनमें।

फिर भी न जाने क्यों मुझे,
गुलाब ही पसन्द हैं सारे चमन में।

आओ बरगद

आओ बरगद तुम बहुत फल फूल रहे हो।
जड़ें तुम्हारी प्रति दिन गहरी होती जा रही हैं।
देखो ज्यादा फलना फूलना भी वर्जित है यहाँ।
आओ तुम्हें मैं काट छांट कर संवार दूँ जरा।

तुम्हें पता है जो ऊँचे उड़े है आकाश में।
न जाने कितनों के पर कतर दिये है, हमने हताश हो।

अब तुम आओ पीपल, तुम्हें उगा लूँ मैं गमले में।
ताकि नसीब न हो तुम्हें, तुम्हारी धरती कभी करीने से।
तुम फलना चाहोगे या अनवरत छाँव देना भी चाहोगे।
तो जो कर लेना, जमा न पाओगे अपनी जड़ें धरा में।

मेरी मजबूरी है यह कतरने और उगाने की समझो जरा।
अपना अस्तित्व बचाये रखने को
ऑक्सीजन भी तो चाहिये जरा।

हृदय हीन

जो दयनीय थे
उनको बना दिया
माननीय जिन्होंने।

अब सुनने में आया है
कि बेचारे बनाने वाले सभी
दयनीय हो गये हैं।

क्योंकि अब उनकी
कोई सुनता नहीं जरा
माननीयों को फुरसत कहाँ?

वे परस्पर आरोप प्रत्यारोप
और कुर्सी के दाव पेंच में
उलझ कर हो गये हैं हृदय हीन।

धोखा न देना

धोखा कभी न देना किसी को,
क्योंकि यह पाप से बढ़ कर पाप है।

पर कभी देना ही पड़ जाये धोखा तो
खेतों खलिहानों को, और गरीबों को भी नहीं।
गगन चूमती इमारतों को दे दीजिये
क्योंकि वह तो पानी भरी बोतलों से
ही लाखों करोड़ों कमा लेंगे।

और बेचारे खेत जो नाजुक होते हैं बहुत
मुरझा गये तो फिर मुश्किल होगी बहुत।

गरीब से किये गये वायदे तो अक्सर टूटते ही हैं
एक बार आकाश छूते सभ्य लोगों से किये गये
वायदे भी तोड़ कर देख लीजिये।

युद्ध

युद्धों का क्या, वह रुकेंगे नहीं
और रुके भी तो, फिर शुरू होंगे,
क्योंकि ऐसा पहले से,
होता आया है।
पर आम आदमी का युद्ध तो
उषाकाल से ही प्रारम्भ हो जाता है।

दो रोटी के लिए,
तन ढकने के लिए,
बच्चे की फीस के लिए,
सिर पर पुख्ता छत के लिए।

पीछे मुड़ कर देखें तो...
लुभावनें वायदों के अम्बार,
तब भी और अब भी,
मेहनतकश आम आदमी सदियों से,
जय बोलता रहा हर बार,
कभी इसकी, तो कभी उसकी,
और चारा ही क्या था उस बदनसीब के पास।

ऐसा नहीं कि किसी ने कुछ भी न दिया हो,
दिया भी और बहुत कुछ किया भी,
किसी ने भरपूर दाना तो दिया,
पर पानी के लिए तरसा दिया,
किसी ने पानी तो भरपूर दिया,
पर दाने के लिए तरसा कर बेहाल कर दिया।

पर आज की बेचैनी यह है कि,
मिसाइलें दग रही हैं,
बम गोले फट रहे है,
गगन चूमती इमारतें,
खेत, खलिहान और मकान,
ध्वस्त हो रहे हैं दनादन,
और ऐसे माहौल में वह शिशु,
जन्म ले रहा है माँ के उदर से,
दूध पी रहा है युद्ध बंकरों में,
सांसें ले रहा है बारूद के ढेरों में,
अगर वह जीवित रह गया तो,
आँख खोलकर देखेगा धरा को।

और नन्हें से धड़कते दिल से,
महसूस करेगा दुनिया की तस्वीर को,
सोचेगा कि दुनिया ऐसी होती है,
जली भुनी लपटें उगलती हुई,

दर्द और पीड़ाओं से कराहती हुई,
आँसुओं और रुदन से तड़पती हुई।
आखिर हम अपनी अगली पीढ़ियों को,
दे क्या रहे हैं? यह उजड़ी विरासत,
हम चाँद तारों में बस्तियां बसा लेंगे पर,
हम ऐसे अधम हैं कि प्यार नहीं जानते मानवता से।

चुनना है एक

यह भयावह महा युद्ध
या महान बुद्ध।
चुनना है एक।

विश्व युद्ध की आहट
या विश्व शान्ति की सौगात।
चुनना है एक।

बैलिस्टिक मिसाइलें
या बच्चों की मुस्कराहटें।
चुनना है एक।

बमों की दर्द भरी बरसातें
या सुख सुकून की राहतें।
चुनना है एक।

यह युद्ध नहीं है समाधान
यह है माँ धरती का अपमान।